사랑이고 싶어

— 이 시집을 나의 사랑하는 삼남매에게 바칩니다

사랑이고 싶어

1판 1쇄 발행	2022년 11월 1일
지은이	조삼례
발행인	강신옥
펴낸곳	한국문인출판부
	등록 ㅣ2021. 7 제2021-000235
	02643 서울시 마포구 월드컵북로 235, 19-704
	☎ 010-9585-7785
	gtree@hanmail.net
	Printed in Korea ⓒ 2022 조삼례

값 13,000원

※ 잘못된 책은 바꿔 드립니다.
※ 저자와 협의하여 인지 생략합니다.

ISBN 979-11-975892-7-0

사랑하고 싶어

조
삼
례

시
집

시집을 내면서

시집을 낸단 생각을 전혀 하지 못하고 살았습니다
 글을 잘 쓰지도 못하고 또 내가 봐도 그저 그런 말뿐인 글이라 남을 감동시킨다는 생각도 더더구나 못했고 그저 줄글로 혼자서 경험과 일상을 그리듯 썼습니다
 글을 쓰고 싶은데 선뜻 쓰지 못하고 펜을 잡고 머뭇거렸는데 나의 삼 남매의 권유와 후원으로 그냥 살아온 길을 또는 살아갈 길을 적은 것들을 모아 봤습니다
 해가 떨어지기 전 마지막 노을처럼 뒤늦게 몇 편을 쓰다 보니 부끄러움이 앞서서 또 망설였습니다
 내 나이 80이 훌쩍 넘도록 시간이 흐르니 삼 남매의 응원이 고마워서 다시 펜을 들었고 또 절친의 권유가 힘을 실어주었습니다

나의 삶의 편린이 그대로 노출되어 삼 남매의 마음이 어미가 느낀 감정이 이랬구나 하고 생각해 주길, 몇 자 적어서 그 마음에 대신합니다

나에게 태어나 줘서 고마워

지난 밤바람이 오다가 내 창문 앞에 멈췄습니다.
무슨 이야기를 담고 있기에 머문 건가를 물었는데 대답 없이 휭 지나갔습니다
살던 대로 살아라. 이런 말을 하고 지나간 것이 아닐까요.

있는 대로 생각나는 대로 본대로 쓴 것을 이렇게 내어놓다 보니 쑥스럽습니다. 매 순간 스쳐 간 일들을 잡아 적어서 그냥 없어져 버릴 것들을 활자로 생명을 주신 모든 분께 감사드립니다
특히 이 글을 쓰게 하고 시집을 내어놓는데 힘써 주신 이철호 이사장님 감사합니다. 편집장님과 여러 위원님께도 감사드립니다.

조 삼 례

시집을 내면서 4

1부 너는

봄의 노래   12
빚   14
그리움 1   16
그리움 2   18
너와 나의 거리   20
눈이 오는데   22
유채꽃   24
그림자 밟기   25
착각   26
엽서   28
차 한 잔   30
연습   32
너는   34
밤꽃   36
봄의 여운   38
허수아비   40
아시나요   42
코스모스   44

2부 꽃이 핀다

48 하늘
50 당신은
51 사랑
52 어머니 앞엔
54 이제야 알겠네요
56 어머니
58 꽃이 핀다
60 임종
62 살인자
64 납골묘
65 이석증
66 수의
68 짝사랑
70 기도 1
71 기도 2
73 기도하자
75 봄맞이
76 유서

3부 시간 안의 여자

편지　80
흔적　　82
자화상　　84
나　86
시간 안의 여자　　88
꿈　90
종이학　92
나의 길　94
석수의 변　96
가시 뽑기　98
실꾸리　100
문풍지　102
한밤에　104
옛날에　105
나목　106
고목　108
인생　109
내 나이 여든한 살 때　110
밀어　112
봄에　113

4부 매일이 좋은 날

116 꽃다발
118 장미 세 송이
120 삼 남매
122 매일이 좋은 날
124 세상살이
126 살아내기
128 새날
130 모르는 것
131 얻은 것
132 나의 벗 신양미를 추모하며
134 친구
136 자율학습 교실에서
138 아침 보충
140 매미
142 열무 김치
144 회상
145 컴퓨터
146 수영장의 하루
148 인생길에서

■ 서평
이철호 (문학평론가, 새한국회 이사장)
순수의 열정이 만들어낸 시인의 궤적　151

1부

너는

봄의 노래

새 생명의 환희
뾰족뾰족 내미는 싹들
그윽한 노래를 부르게 합니다

짙어가는 마음의 정이 가슴 그득히 고이면
바람도 파도쳐오다 여린 꽃잎에 잠들고
순하디 순한 화음으로 비도 뿌립니다

내 마음 당신을 향한 정담이
가지가지 피어나면
찬란한 봄날이 저물고

꽃잎 하나 땅 위에 뒹굴면
미풍조차 헤엄치지 못해 태양을 향해 증발합니다

봄은 아름다운 환상
봄은 생명의 시작
내 마음 나래 달고

창공 높이 종달새 되어 떠오릅니다

빚

당신을 사랑하는 것은
당신이 아름다워서가 아닙니다
내가 아름다워서도 아닙니다

당신이라고 불러 보고픈 마음의 기저에서
허기짐으로 인하여
채워 충만함으로 가꾸고픈 연유에서입니다

단 한마디의 약속도 없이
단 한번의 고백도 없이

공허한 이름만 띄우면서
사랑이라고 느끼면서
숱한 세월을 기다림도
누구의 잘못도 아닙니다

그저 눈길 한번으로

그저 스치는 바람결로도
이렇게 가슴 떨려옴은
사랑을 사랑하고픈 오랜 세월의 망설임에
빚을 진 연유이옵니다

이제 다시 그 빚을 돌려드립니다
서성이던 세월의 초침을 묻어서
새로움으로 다시 돌려드립니다
당신이여

그리움 1

가을엔 왠지 누군가 만날 것 같다
두리번거리며 골목을 또 샛길을 거닌다

언젠가 인연이 있어 만났던 사람,
어딘가에서 불쑥 나올 것 같아
여기저기 봐도 아무도 없다

나뭇잎이 물들면 나도 덩달아 물들고
나뭇잎이 떨어지면 내 마음도 쿵 떨어진다

가을엔 단풍에 취하고 바람에 취하고
사람의 마음에 취한다

쌀쌀해진 날씨에 손을 내밀면
닿을 것 같은
가을
오늘도 가을에 취해서 옛일 생각한다

그리움으로 물든 난
흔들어본다
웃어본다
더는 없을 그림자
내 마음의 자리에서
이젠 그냥 보내버리자

그리움 2

이렇게 비가 억수로 오는 날이면
젊은 날 격정에 휘둘려
힘들었던
날들을 추억하지

이젠 아름다운 기억으로
남았지만

젊음이 나를
홍역처럼 힘들게 할 때도 있었지만
이젠 그리움으로 남았지

그때도 가고
젊음도 가고
그리움도 묻히고

이젠 모두
감사함으로

나의 밑거름이 되어
매일의 아름다움으로
살아가는 힘이 되었지

너와 나의 거리

온몸을 적셔지는 외로움으로
너를 보았다

온밤을 지새우는 아픔으로
너를 그렸다

다가가지도 멀어지지도 못하고
다시 너를 보면
넌
빈 공간에 한숨만 남길 뿐

아무것도 없었다 거기엔
벽 속에 갇힌 나와
기약 못 할 언어들 속에
버려진 사연들

너는 저만치서 나를 울리고
난 제자리에서 발버둥치고

너무 멀다
너와 나의 거리는
하늘과 땅만큼

눈이 오는데

아 하 !
흰 입김에
서리서리 얽히는 사연
눈발 되어 같이 내린다

내리는 눈, 녹는 눈 속에
어리는 얼굴 하나
먼 은하 위에 있음직한 너

거세어지는 눈발이
세상을 덮고 있는데
너 있는 그곳에도 이리 눈이 내리는가

아 하 !
그윽한 울림 속에
인연으로 이어지는 실마리 되어
너에게로 이끄는가

눈이 오는데
말없이 마음만 쌓이는데
하늘만큼 보고 싶은 얼굴 하나

유채꽃

푹 빠지면
나도 하나의 꽃이 되리

노란 물 뚝뚝 흘리며
나도 나비 되리

꽃 속에 묻혀
물감 터트리며
하늘 한복판 앉아 웃음 지으리

봄 나비 너울너울 춤추면
날갯짓에 내 마음 실어놓고
넘치는 사랑의 꽃 꿈
미소와 함께 나도 날으리

그림자 밟기

작열하는 한낮에
텅 빈 껍질 안에 갇혀
더위 속을 헤매이고 있었다

마디마디 쑤셔오는 신경통으로
마음 비워 가득 채운 너의 그림자

이제는 떠나버렸겠지
다시 돌아서면 다가오는
깊이를 알 수 없는 너의 눈
손 흔들며 작별하고 있었다

어제와 내일이 다르게
그림자 밟기를 끝내고
두 손 가지런히 가슴을 쓸며
오늘을 보내고 있다

착각

사랑한단 말은
가슴으로 오지 않고
허공을 맴돌다 사라졌네

진실이란 단어도
슬며시 바람결에 멀리 가고

빈 가슴 가득 눈물만 차오르고

봄은 왔다 그림자만 남기고 가고
우연히 만난 밥집에서 아침을 때웠다

그래 이렇게
살다 가는 거지
평생이 얼마나 긴데

단 한 번만으로도 듣고 싶던

그 말
이젠 허공에도 없는데

새벽하늘 하현달 보면서
마음 비워 설레임 하나 얻어
밤을 지샌다

엽서

시집살이 고단할 때
엽서가 왔다
몇 자로 압축한 소식에
몇 배의 말을 생각하면서 읽는다
너의 엽서

할 말이 없다

단지 이 다섯 자의 너의 소식
오죽이나 할 말이 많았을까

빈 공간 남겨 두고
많은 이야기 쓰는 대신 너는 울기도 하고
웃기도 했을 게다

난 빈 공간에 가득한 너의 마음을 읽는다
많은 말을 감추고 생각한 친구가 고맙고 감사해서

읽기를 몇 번을 했는지

두고두고 소중히 간직한 너의 엽서 오늘도 읽는다
모두 곰삭인 너와 나의 젊은 날의 사연을

할 말이 없다

이 다섯 자의 너의 엽서

차 한 잔

따끈한 차 한 잔
액체 속 가득히 고여 온 얼굴
웃는 듯 입가에 주름 짓는 모습을
찻잔을 기울여 함께 마셨다

이젠 고여 오지 않겠지
이제는 보이지도 않겠지

뜨거운 차 한 잔
어느새 또 어리는 얼굴
쏘는 듯 눈을 빛낸 모습을
두 눈 감고 천천히 마셔 버렸다

생각도 먹어버리고
추억도 먹어버리고
가슴을 쓸며
따끈한 차 한 잔

스푼으로 휘저어 그냥 마셔버렸다

과거도 현재도 잊은 채
그래도 다시

빈 잔 위에 보이는 얼굴

연습

하루에도 몇 번씩
떠나보내는 가슴으로 살았다

한 달에도 몇 번씩
죽어가는 시늉으로 살았다

거울을 마주하면 허허로운 벌판 같은 삶
아려오는 아픔
연습일 수 없는 시간 위에
진실로 채색된 삶이 표현되고
눈감으면 까닭 없이 흐르던 눈물로
한 꺼풀씩 주름만 늘어가고

바람이런가
들풀의 속삭임이런가

남아있는 모든 것을 바람에게 주어버리자

희미한 기억
체온마저도 보내버리자

잊고 다시 기억하는
삶의 여정에서
오늘도 사랑을 버리고
다시 건지는 연습을 한다

너는

언제나 가슴속에 가득 찬 안개처럼
내 마음을 흐리게 하고
숨쉬기 힘들게 하던 그리움
60년을 내 안에 살던 너

가슴을 파고드는 시린 날들
사람의 마음 고임 받는 것이 얼마나 아름다운 줄
너는 처음부터 몰랐을 거다

이젠 놓았네 이젠 벗어났네
이렇게 쉽게 너를 내 마음속에서 보낼 줄
나도 몰랐지만
바람에 날리는 봄꽃처럼

이럴 줄 알았으면 마음 아파하지도
숨기지도 말걸
사람의 마음에 달렸단 것을
이제야 알겠네

보고 싶어 하늘 한번 보고
그리움에 지쳐 열릴 듯 닫힌 문을 보며 하 많은 시간이 흘러
이제야 너를 보내네
내 마음 비웠네 안녕 내 사랑
안녕

박꽃

한낮의 뜨거운 태양을 피해
저녁에만 피는 꽃
하얀 옷을 입은 여인이여

사랑의 달빛을 온몸에 싣고
복스런 얼굴로
꿈도 소망도 한 아름
탐스런 열매에 담고

여인들의 손으로 빚어지는 그릇으로
응어리진 가슴의 한을 소리로 풀어내고

흥부의 소원을 이루게 하는
제비 나라 임금님의 요술 박으로
환골탈태해
세월을 지나 지금도 회자하는
아름다움이여

꽃의 박이여
순수한 영혼이여

박꽃의 진화여

봄의 여운

찻잔을 마주하고 있었지
무언은 싸늘히 잔 위에 덮이고
소란스럽게 음악도 자리 위를 떠돌 뿐
너는 웃고 있었지

지친 듯 어깨는 굽어있고
그림자처럼 희미해지고 있었지

그때
나는 눈을 들어 네 눈을 보았지
화안히 빛나는 너의 미래
너의 봄을 보았지

그리고 다시 세월
풀씨처럼 떠돌던 너와 나의 세월

찻잔을 마주하고 있었지

지난 어느 시절의 침묵은
너의 열변으로 도금된 채이었고
나는 보았지
창문 밖 깜깜한 밤처럼
너의 봄이 지고 있음을
그러나
내 가슴엔 빛나는 봄의 여운이 계속되리란 것을
찻잔의 향기처럼

허수아비

벼이삭이 물이 올라 여물 때쯤
남루한 옷차림의 허수아비가 탄생한다
들판을 춤추며 지키고
날아 앉는 참새들을 쫓는 알곡의 사랑

동터오는 새벽의 찬 이슬 마시고
밤에는 별들의 속삭임으로 자부심을 키우고

이삭들이 머리를 숙일 때
농부들의 손길이 스쳐가고
허수아비는 그림자만 남기고
찢긴 심장 빈 들에 묻고
찬바람 탄 밀짚모자만 남는다

어느 곳이 허수아비의 무덤일까
잠시 머물다간 시간 위에
가슴 없는 허수아비

빈들을 지키는 사랑 이룬 허수아비

하늘을 이고 별을 보며 사명을 다하고
새들 따라간 허수아비

아시나요

꽃학이 있다는 걸 아시나요
억년을 산다는 학이 억년의 신비로 구공을 휘젓는 학이
가녀린 손끝에서 태어나
날개를 접은 채
침묵으로 겹겹한 분홍빛 단정학을 아시나요

구만리 창공을 잃어버린 날개는
장미로 장식되고 진주빛 찬란한 꼬리와
화사한 깃털은
빈 가슴을 더욱 슬프게 하는 꽃학

하늘과 산과 모든 것을 버리고
정성으로만 채워 넣은 온몸은
햇살이 머무는 창변에 앉아
별과 함께 가슴으로만 노래하는
꽃학의 광채를 아시나요

창공을 허허롭게 바라보는 눈길 속에
뛰어넘은 세월
퍼덕이는 미래의 숨결을 키우고
사랑으로 더욱 배불러 오는

분홍빛 단정학을
당신은 아시나요

코스모스

산을 에워싸고 있던 푸르름이
저만치 고개 숙이면
초야를 지낸 새색씨 같은 수줍음으로
가을을 여는 꽃 이파리

넘어가는 햇살보다 더 찬란하게
한 아름 세월을 안고
하늘을 마신 너그러움으로
계절을 일깨우는 꽃

돌길을 맴돌던 가시내와
알밤을 줍던 고사리 손과
모두 정다움이 노래처럼 한곳에 머문다.

소리는 소리로
이슬은 이슬로만 자라서
한 맺힌 여인의 숨결인냥
다소곳이 피어난 꽃.

후두둑이던 비 흐르는 구름 빛나는 햇살
웃음 사이로 나는 고향의 내음
꽃 하나에 사랑을 담고
또 하나에 슬픔을 담고
인생의 애환을 닮은 꽃

바램의 꿈을 승화시키는
한 송이 한 송이 코스모스는 핀다.

2부

꽃이 핀다

하늘

꽃구름이 아니다
잿빛 구름도 아니다
수많은 광음이
목숨을 낳아서 매듭짓는 웅어리다

손 내밀면 잡아줄 것 같은
숨으로 가슴 깊이 채워질 것 같은

어느 땐 눈앞에 다가서는
연인처럼 부드러운
하늘은 소용돌이 없는 물살이다

땅을 가르는 울림도
지열을 식히는 비도
하늘에 닿지 않음은
보이지 않는 당신의 마음을 옮겨
더없이 깊기 때문이다

하늘은 가없이 넓고
하늘은 계절을 짊어진
엄마의 품이다

당신은

당신은
푸른 나무입니다.
깊은 잠속을 사랑으로 일깨우고
오래 간직하게 해주는 그늘이

몇백 년이 지나도
말없이 가지에 푸르게 잎 피우며
미풍과 새들과 사랑을 숨 쉬게 하는

당신은 강물입니다.
출렁이는 물결소리
철석이며 반짝이는 수면
평화를 알게 하는 노래를 배우고 삶의 일상을 배우는
생명의 소리

당신은 나의 강물입니다

사랑

엄마가 빨래하는 옆에서
아가는 꽃처럼 웃고 있었다.

방울방울 피어나는 오색의 비눗방울 따라
아가는 웃고
엄마 마음은 오색 무지개 되었다

엄마의 손이 움직이면 아가의 손도 움직이고
비눗방울 말갛게 피어오르면
화안하게 아가 웃음 피어오르고

꽃 웃음은 피어올라 아지랑이 되고
엄마 가슴속 따스함은 피어올라 별이 되고
날마다 훈훈한 입김으로 되살아
사랑이 되네
사랑이 되네

어머니 앞엔

어머니 앞에서는
항상 웃어야 했고 아름다운 척해야 했다

세월이 가고 반백의 떡 그릇도
늘상 잘난 체로 채워야 했다

이젠 보아주실 어머니도
예쁘다 하실 어머니도
안 계심이
이렇게 허전할 줄 몰랐었다

구차한 변명만 늘어놓은 것이
이렇게 죄스러울 줄도 몰랐었다

마음 가득 그리움과 사랑이
이제야 피어날 줄도 몰랐었다

어머니의 가슴이

나의 삶의 원천 내 우주인 줄도 몰랐었다
어머니를 그리워하면 할수록
더 그리워질 줄도 몰랐었다

어머니 나의 어머니
그곳에서 잘 보내시나요
사랑합니다
온갖 정성 다 모아 사랑합니다

이제야 알겠네요

매일 아침 우물물 퍼올려 정한수 떠놓고
기도하시던 어머니
고뿔에 걸려 열나던 날 밤새 지키며
손 잡고 우시던 어머니
이제야 알겠네요
모두 어머니의 사랑이란 것을

잘못되지 않을까 걱정 많던 그 시절
손 마를새 없이 갈고 닦으시던
당신의 삶에서
내가 희망이셨던 어머니
이제야 알겠네요
내 삶의 원천이셨던 어머니임을

나 하나만을 위하여
목숨까지 주고 가신 어머니
이제야 알겠네요

어머니가 내 하늘이신 것을

나의 사랑
나의 삶
모두 어머니의 값인 것을

어머니

우물물 퍼올려 장독대에 놓고
두 손 모아 기도하시던 어머니
이젠 내가 닮아 그대로 따라 하네

여름엔 모시 적삼 곱게 다려 입으시고
겨울엔 명주이불 따습다 하시더니
지금은 풀 이불 덮으시고 어이 눈 감으셨을까

춘하추동 몇십 년을 그리 흘려보내시고
목숨마저 자식 위해 주고 가신 어머니
꿈에도 오시지 않고 어느 곳에 계실까

오늘도 거울 앞에 서니 내 얼굴이 엄마 같고
구부러진 손가락이 엄마를 닮았는데
그 모습 그 냄새는 어디에도 없네요

다시 태어나도 엄마 딸이 되고지고
못 갚은 사랑을 보답하게 하시고

엄마 맘 헤아리는 착한 딸이 되고 싶네

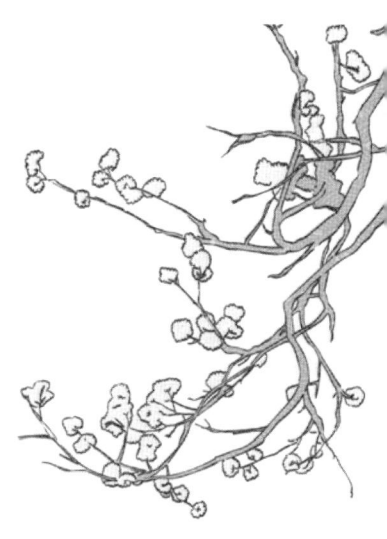

꽃이 핀다

꽃이 핀다
화창한 봄이다.
봄이 타고 있다

꽃이 폈다
화려한 봉오리마다에
벌들이 노동을 한다.

꽃이 진다
내일을 향해
많은 그리움도 묻고
땅으로 쏟아진다

순환되는 세월 속에
어떤 이야기를 품고 있을까
꽃잎과 함께 사연을 묻고
꽃잎과 함께 내일로 간다

어제는 갔고 내일이 온다
열매 맺으러

임종

잦아드는 숨결 지켜보며 48시간
어머니의 손끝은 무뎌가고 있었다

기다림은 그리운 사람들의 해후를 가져오지만
지금의 기다림은
멀리 떠나보내는 어머니의 숨소리를 지켜볼 뿐
80평생 담아온 사랑
80평생을 보람으로 알았던 딸들의 얼굴
모두 뒤로하고 어머니는 숨이 잦아들고 있었다

마지막 눈빛도 없이 마지막 손놀림도 없이
당신의 온갖 소망이셨던 딸 삼 형제를 본채도 없이
차마 감을 수 없는 한만 남긴 채 버티는 생명

그 생명의 담보로 식음도 말도 눈빛도 발자국도
외로움과 설움과 아픔도 잊어가고 계셨다
말로야 다 못할 안타까움
온 날과 밤을 밝힌 외로움

영원한 안식을 위해 떠나시는 어머니

어머니
삼형제는 목 놓아 울지도 못했다
빈손 빈 마음으로 서로 부둥켜안은 채 보내드리며
해후의 약속은 없어도 그곳에서 만나기를 바라고 있었다

살인자

아닙니다
하루에도 수십 번 마음으로 살인하고
일평생 수천 명을 죽이고 살리고
이젠 제 어머니를 죽인 살인자입니다

아닙니다
초목은 시들어도 다시 소생하지만
목숨은 마지막의 버팀도 없이 순하게 시들면 그만인 것을
진정 다른 사람이 아니라
그분의 딸인 내가 살인자라

천국에서 다시 만난다 해도 이렇게 이곳과 그곳은 다른 곳
낙인찍힌 딸의 불효로는 다시 만날 수 없음을

춘하추동 값없이 주신 사랑
몸까지 주셨지만 평생을 못다 한 한을

목숨으로 대신하신 어머니

아닙니다
세상이 거짓입니다
참이래도 딸의 마음은 온통 거짓뿐
눈물도 웃음도 모두 비정한 딸의 기만입니다

우렁이가 어미를 모두 파먹고 살아가듯
어머니의 모든 기운을 빼앗은 진정 딸의
자신밖에 모르게 살아온 비겁함입니다

납골묘

목숨의 마지막까지 지키다 재가 된 자리
뜨거운 불 속에 미소가 어린 곳

인정이야 믿을 수 없다손 쳐도
다정한 건 참회의 순간

세월이 지난대도 초연히
나 또한 울어놓고 떠나는
귀로 속의 자리

시간이 돌이켜도 굳어버린 이곳
모든 바램 얽힌 하얀 무표정 속에
손 흔들고 가는 여운을 쫓아
한줌 재로 돌아갈 자리

이석증

눈을 떠도 돌고 눈을 감아도 돈다
지구가 돌아가니 나도 돌고
세상이 돌아가니 내가 돈다

세상이 요지경으로 돌아가고
내 머리도 덩달아 돌아가고

늙는다는 것은 병과 친구가 되는 거지만
아플 때마다 생각나는 건
바로 울 엄마다,
그때는 몰랐던 어머니 마음
나처럼 아팠을 터인데
그냥 참고 계셨을 어머니
어머니

늙는다는 것이 서러움이였음을
몰랐던 딸
지금 내가 그 어머니가 되어있다,

수의

남들은 수의를 삼베로 짓는다 하는데
난
빛 좋은 분홍색으로 지었다
실크의 부드러움과 색깔의 아름다움이
나의 시선을 잡았다

한번 죽으면 그만인데
가는 길 예쁘게 입고 가려 한다
내 욕심이지만

가끔 꺼내서 보면 너무 예쁘다
가지가지 모양이 앙징스럽고
이름도 다 기억 못하는 것이지만

불 속에 들어가면 끝이지만
먼저 떠난 사람들 만나면 곱게 보이고 싶고
잘 살다 왔다고 이야기 할꺼다

고운 분홍 옷 입고 온 나를 뭐라 할까
그래도 좋다
마지막 인사를 할 때
웃으며 갈꺼다

짝사랑

난 언제나 나만 생각했나 봐

보이는 것만 알아 온 내게 보이지 않는 것을
사랑할 줄 아는 것을 알게 해주신 분

어디를 가도 당신께서 함께하신 줄
모르며 살다가도
불현듯 생각하니 나 혼자가 아니라는 것

당신은 나를 사랑하시는데
난 세상만 사랑하고 있었음을
언제나 짝사랑만 하고 있었음을

오늘 당신 앞에 고백합니다.
사랑합니다

이젠 당신을 사랑하면서
세상은 그대로 두고

나를 구하신 당신을 사랑하며
삶의 의미를 당신께로 향하기를

기도 1

주님
봄빛에 싹트는 잎처럼 믿음 트게 하시옵고
무성하게 숲을 덮는 그늘로 키워 주소서

검은 구름 밑으로 회오리치는 바람소리와
인간의 내면 깊숙이 스민 죄의 참회소리와
주를 믿고 의지하는 기도 소리
모든 것을 사랑하시는 분

샘물처럼 넘치게 하소서 기쁨이
샘물처럼 흐르게 하소서 믿음이

탕자처럼 세상을 휘저으며 살다가
이제는 슬며시 당신 품으로 돌아온
저를 바른길로 인도하여 주소서

소리치게 하소서
사랑을

기도 2

주님
빗줄기 바람 따라 쏟아지고
캄캄한 시야에 보이는 것 없어도
당신의 인도하심으로 걸어가는 줄 믿습니다

불안한 세상에 확실한 것 없어도
당신께서 마음으로 오심으로
기쁨으로 걸어갑니다

두 손 모아 무릎 꿇고 외칩니다
선한 눈으로 세상을 바라보게 하소서
보혈의 은혜로 모두를 사랑하게 하소서

죽음을 이기고 부활하신 아버지
오늘도 살아계시어 역사하시는 분
마음속 울려나는 목소리로 당신께 기도하옵나니
오늘도 내일도 영원히 빛나는 믿음으로
모두를 당신 품으로 돌아오게 하소서

사물에 대한 애착을 끊고
주님만을 바라보게 하소서
마음을 열어 풍요로운 꽃밭이 되게 하소서

기도하자

아가
아침부터 울어대는 뻐꾸기는
남에게 위탁한 자기 알을 위한 울음이란다

알에서 깨어나면 엄마를 알아보라고 우는 것이란다
남에게 의탁한 새끼가 엄마를 알아보고 잘 크라고
울음으로 달래는 거란다

소리 내어 울지 못할 아픔을 가진 이와
터질 듯한 고통을 가진 이를 위해
우리는 같이 울어주며 기도하자

아가
허전한 자 위로하고 지친 등 어루만지며
가슴 가득 사랑을 안겨주는 기도로
종일토록 울어대는 뻐꾸기 마냥
우리도 울어울어 마음 다하자

이웃을 위한 울음과 기도는
자기 가슴을 채우고 괴로워하는 마음을 위로하고
하늘로 하늘로 올라가
피못자국 그분을 만나면
잘했다 칭찬 듣고
향기 나는 빛살로 화하는 거란다

아가 쉬지 말고 기도하자
하나이신 그분의 선을 이루기 위하여

봄맞이

성급한 마음에 뜰로 나섰다
개나리 몇 송이 바람에 떨다가
늦겨울 찬바람에 지쳐있구나

봄바람 멀리서 잠든 숲 깨우고
소나무 몇 잎 고요를 흐트린다

마음의 치마폭에 감싸온 봄기운
추억처럼 춤을 추고 있구나

꿈길처럼 꽃눈을 만지며
봄맞이하는 것도

봄은 오고 있는데
아직은
찬바람에 움츠려 다시 잠드네

유서

살아보려다 눈 감으오
살고 싶다고 살고 싶다고 외치다
눈 감으오

신기루처럼 잡히지 않는
그림자만 뒤쫓다
눈 감으오

맹목으로는 못내 서러운 목숨이라
정처 없이 떠나오

밀물같이 몰려오는 절망 속에서
안식을 찾으려 눈 감으오

앞서가는 사람 뒤에 오는 사람 모두
길동무 되어드리죠

내 삶이 여기서 끝맺음하는 것은
잘못이 아니죠

정말은 살고 싶었다오

하나하나 명멸해 가는 순간순간을
끝까지 지켜보며
눈 감으오

3부

시간 안의 여자

편지

닭발 같던 목련이 봄비에 몸을 열었다
속살을 비집고 들어오는 햇볕으로
하늘을 향한 얼굴을 수줍게
긴 겨울을 인내한 꽃잎은
향기로 봄을 쓸고 있었다

봄의 숨결은 흘러가는 강물로
내 곁에 다가왔고
현기증처럼 벚꽃을 두드리고
난 치마폭 가득 떨어지는 봄의 여운을 받는다

목숨이고 싶어
하늘을 날고 싶어
펜을 들어 또 하나의 생명을 잉태시킨다

사랑이고 싶어
펄펄 날리는 꽃잎이고 싶어

자랑으로 펼쳐진 봄을
빛나는 대지 위에 채색된 봄을
긴 사슬로 엮은 나의 언어로
너에게 보낸다
너의 가슴으로 헤엄치며 간다

흔적

흐르는 나일강물이 옥토를 만들던 그 시절
삶의 궤적을 찾아
몇 천 년을 지나는 사이에도 도시를 안고 흐르는 강물
나를 여기로 인도해 예까지 왔다

인간의 모습은 같은데 그 시절 사람들은 이렇게 거대한 건
축물들을 어찌 세웠을까

강물은 오늘도 흘러가는데
햇볕에 반짝이는 물결에 물어본다
빈부는 무엇이며 인간의 고귀함과 미천함이 무엇인가고

생을 이어가는 인간의 고단함 속에 대답 없이
강물은 그리움 사랑을 묻고 흐른다
어제도 아니고 내일도 아닌데

무수한 인간의 고난과 힘듦의 모습이 여기 엮여 있구나
태어난 건축물들이
마음을 숙연하게 만든다.

자화상

허우대는 멀쩡한
꿈 많던 시절 지나

가방끈으로 치면
둘째가라면 서운한 청춘을 보내고

그러나
별 볼일 없이 세월은 흘러
지금은 와병 중
이젠
종이 한 장에도
걸려 넘어지는 꼴이라니

날 데리고 여기까지 온 건
바로 시간

어쩌랴

애환이 담긴 사람
나뿐이랴

이렇게 살아있음에
감사하며 산다.
삶이
꿈이 모두 한바탕 놀이였지

어디까지 갈는지는
모르는 것이 행복이지
오늘도 또 하루를 가졌으니
감사하며 보낸다

나

나는 우아한 사람이 아니다
슬플 땐 울고 기쁠 땐 웃는 소시민이다

매일 매일 끼니 걱정도 하고
매일 매일 내일 걱정도 하면서 살아가는
그저 그런 사람이다.

비가 오면 젖고 눈이 오면 추위 걱정도 하면서
매일을 넘기는 평범한 사람이다

웃을 줄 알고 아파할 줄도 알지만
사람 마음을 모르는 우매한 사람이다

이런 나를 나는 돌보고 쓰다듬으면서 살아왔다
그래도 나니까 나를 사랑한다

화분 위에 힘들게 꽃피운 베고니아 보면서

고맙다 나를 찾아줘서
아침마다 인사하니 그것도 즐거움인 것을

찾으면 많이 있을 사랑을 오늘도 꽃에게 배운다

시간 안의 여자

거울 속의 여인은
어깨가 좁고 초라한 모습입니다

성긴 주름 사이로 세월을 감추고
그림자 짙게 쓸쓸함이 감돕니다

하나하나 사라지는 추억을 반추하며
멀어지는 사연을
마음 끝에도 두지 못하는 모습으로
하늘처럼 바다처럼
일렁이는 삶의 무게만 담긴
바람과 맞서고 있습니다

살아있는 호흡들이 고인
신록의 들을 바라보는
그리움 담은 모습입니다

날마다 가까워지려고
날마다 멀어지려고
뒤돌아보지 못하면서 영원으로만 이어지는

시간 안에 여자입니다

꿈

아이들이 날리던 연이
아카시아 나무에 걸렸다
팽팽한 줄다리기에 힘입어
하늘을 향해 쏘아 올렸던 연

연을 따라 날으던 나도
아카시아 나무에 걸렸다

눈을 들면 파랗게 펼쳐진 너른 공간을
오도 가도 못 하고 바람에 나부낀다
가지는 잡고 놓아주지 않고 가시는 계속 찌르고
영일 없는 삶이 시작되었다

매일 매일 소리 없이 울음에 가시도 젖고
젖은 가지에 웅크린 꿈

퇴색된 연이 비바람에 녹아내리고
내 꿈은 이슬이 되어 새의 부리에 찢기어

새의 심장과 함께 멀리 떠났다

퍼득이는 새의 날개짓에
시위를 떠난 화살처럼
갈 곳 없이 사라진 꿈의 조각

이슬의 소멸이여
하늘을 열고 들어간 꿈의 영상이여

종이학

소원을 담은 손길이
한 겹 한 겹 접어가면
세월이 좁혀지고

천 번 넘는 손놀림이
천 번을 넘게 마무리 되어
천년이 모아지고

손에서 마음에서 정성을 먹고
퍼덕이며 솟아오르는 학

창공을 나르는 꿈이
강물이 된다
그리움이 된다

천개의 학을 모아
병에 담아 건네는 넌

네 꿈도 학과 함께
창공 높이 날아라
아이야

나의 길

발자국도 없는 길을
가슴 두근거리며 하나만을 위하여 걸었다

뒤돌아보아도 보아도
어디에도 없는 그림자를 쫓으며
하나만을 위하여 걸었다

음악 소리도 바람 소리도 없는
텅 빈 마음과 없는 것 투성이인 길을
하나만을 위하여 걸었다

이제 다시 이 길은
너도 나도 아닌 길로 통하여
아무도 없는 광장같아

다시 초조롭게
하나만을 위하여 걷는다

사방을 둘러보아도 아무도 없다
무서워 떨면서도
나는 걷는다
이 길을
나의 길을

석수의 변

해묵은 설움을 한 조각 한 조각 떼여낸다

억년을 얼킨 바위의 역사를
가슴으로 만지며
정으로 쪼아 땀과 버무린 석수
사라져 갈 육신을 불태워 하나의 상을 세운다

싸늘하게 식어간 심장에서
심장으로 이어지는 오열이 별을 헤이면
침묵으로 지켜온 아픔의 정체가 안개처럼 피어오른다

가장 밑바탕에 담겨있던 응어리가
한 가닥 삶의 빛을 띠워
풍화에도 버젓할 반려의 상이 된다

여생을 걸어 형상을 세우고
꿈이 사랑 되어 물상이 만들어지고

세월이 지난 자리마다 못다 한 소망을 담아
하늘을 향한 채 나래를 펼쳐
주름진 손끝에 조용히 머문다

가시 뽑기

손가락에 박힌 가시를 바늘로 쏙 뽑았다
남을 미워하는 마음도 이렇게 쏙 뽑으면 좋겠다

음식물이 이에 박힌 것을 치실로 쏙 뽑았다
남을 원망하는 마음도 이렇게 쏙 뽑아지면 좋겠다

넘어져서 상처 난 곳에 연고를 발랐더니
흔적은 남았지만 다 나았다

마음의 상처도 이렇게 치유되면 좋겠다

말로 받은 상처 마음에 두지 말고
흔적 없이 나았으면 좋겠다

우리 모두는 사랑으로 이어져서
함께 웃으며 살았으면 좋겠다

오늘도 희망과 바램으로 서로서로 웃으며 살았으면 좋겠다

실꾸리

털어놓고 싶은 이야기는 있는데
쓰고 싶은 마음은 있는데
실타래는 얼키고
물레는 서 있다

꾸리에 감아야 하는데
목화송이는 씨도 못 빼고
그대로 쌓여 있다

어서 씨아를 돌려야지
물레를 돌려야지

분칠한 낱말들만
맴돌고
길거리엔 수북하게 쌓이는 감각들
휴지처럼 지나는 사람들의 발걸음에
밟혀나가고 있다

꿈이 좁아서
삶이 좁아서

내 인생의 겹겹이 싸인 사연
구름 위로 떠 보내고
난
여기 백지로 마주 서서
오늘도 달래고 있다
긴 긴 이야기를 가슴에 묻은 채

문풍지

사람은 누구나 착각 속에서 사나보다
문풍지가 몹시 울던 밤 누군가 온 것인가 하니 아무도 없다
그냥 지나가는 바람에 저절로 울고 있던 것이다

인생사 알 수 없다
젊었을 땐 그래도 괜찮은 삶이라 여겼는데
열심히 뒤돌아볼 여유도 없이 살았는데

인간의 나이
인간의 취미
그런 것 모두 뒤에 두고 산다

이젠 발자국 소리에
문이 흔들려도 귀 기울이며 산다
어제는 모두 행주질치고 내일을 기다린다
내 옆 빈자리에 내일이 오기를

좋은 일 있을 거라고 믿고 있는 내가 너무 기쁘다
혹여 내가 알던 사람이 연락이라도 올까 봐
문풍지가 울면 같이 울면서 내일을 기다릴 거다

한밤에

돌아서서 울지는 말걸
버려진 느낌도 갖지 말걸
나 여기 소요 속에 하나
앉으나 서나 감당 못 할 외로움

바라보거나 미련도 두지 말걸
그리고 한밤에
오도 가도 못 하는 서글픔
밤안개에 빛나는 외등

뼈저린 아픔 뒤에 찾아오는 아름다움
모든 푸념 떨어버리면
이제야 홀로 벌판에 서 있는가

옛날에

정다운 눈 고운 숨결 이마에 따스하던
고추잠자리 맴돌던 창 조각되어 떠오면
마음엔 봄 내음 가득 영원으로 안겨오네

사람의 한 평생이 물살같이 지나는 걸
어쩌다 마주치던 눈빛에도 몸살 앓고
조금도 실수 안 하려 웅크리고 살았네

하고픈 말 묻어둔 가슴 하루에도 수천 번
쫓아갈까 망설이든 어느 날의 미련이
차라리 돌이 되어 당신 앞에 서고 지고

어제런가 그제런가 지나간 나날들이
마음속 소용돌이 굽이굽이 치던 것도
이제는 사랑만 가득 빛이 되어 안겨 오네

나목

마지막 잎새가 오열하는 모습으로 떠난 뒤
쪽빛 하늘에
무심한 철새만 가고 오고

언제부턴가
못다 한 마음이
허공에 그리는 그림은
모래알처럼 많은 사람 속에
꿈속을 헤매이며 걷고 있구나

황홀했던 지난날의 많은 시간들
그 너머 먼 거리에 있다고
바람이 띄워 보낸 회오의 사연들
앙상한 온몸으로 가을을 보는데

돌아서지 못하는 낙엽의 부서지는 소리가
춤추며 떨어지는구나
흔들리며 우는구나

온몸으로
지나온 시절의 그리움으로
풍성했던 사랑의 역사 위로

고목

서늘하게 바람이 불다가 가고
발자국 소리도 없이 다가오는 봄이
그림자만 스친다

샛바람 하늬바람 모두 서성이다 가고
잎새 하나 없이 서 있는 너

다할 수 없는 시간 속에 여운을 남긴 채
선연히 남은 옛날의 기억을 너는 아는지
멧새들이 몇 마리 앉았다 떠난 뒤
서글픈 흰빛 되어 서 있구나

몸부림치며 살던 지난날
어루만지는 님의 손길도 있었으련만
오늘도 노을을 보며
조각되어 떠오르는 지난날의 영광을 안고
홀로 서 있구나
빈 가지 바람도 없이

인생

손바닥만큼 남아있는 해를 보며
내 인생을 생각한다
삶의 무게를 내려놓고 편안해질 만하니
안 아픈 곳이 없다

얼마나 아파야 갈 수 있을까
마지막 남은 열정으로 삶을 이어간다.
오늘도 잘 지냈고 내일도 잘 지낼 거고

지난날들을 설거지하고 다음 날을 기다린다.
잘 살았다
잘했다.
나를 칭찬하면서
오늘을 보낸다

내 나이 여든한 살 때

팔십한 살까지 살아온 이 몸
때론 외로움에 떨기도 하고 때론 가슴 치며 울기도 했지
하루가 짧은 날도 있고
어느 땐 너무 길고 힘들어서 어려움을 겪는 날도 있었지

그러나
이젠 마음 비우는 것도 알만 한데
아직도 손에 쥐고 싶은 것도 많네
그래도
감사한 것이 너무 많아
매일이 행복하네
햇볕 좋은 날은 햇볕과 놀고 비 오는 날이면 별처럼 쏟아지는
빗방울 빗물 방울마다 이름도 새기고

숨소리조차 없는 밤에 어둠 속에 그림을 그리고
아침이면 밝음 속에 내 그림자 되고
그래도 이대로 행복한 삶이었다.

내일이 그리워지는 나이
나 여든한 살 망구의 날들이 축복으로 가득한 나날이였다

책장을 넘기듯 그렇게 팔십일 년 나를 떠난 세월
이젠 돌아보지도 말자
발자국마다 묻힌 사연들
나 여기 있네

밀어

바람 타고 왔다가 살며시 떠나는
소리 없이 다가와 상처처럼 가버린
아련한 그리움을 너는 아는가

님 두고 떠나는 발걸음처럼
이별한 님 기다리는 마음처럼
하늘의 갈채로 내리는 순백의 고요

소용돌이치던 열정으로
속속들이 아린 가슴
차단하고 눈이 되어 나리는 순수의 영토

다가오는 밀어는 고운 옷 입으랜다
잊으면서 살란다
보여지지 말고 가란다

봄에

꽃다지 꽃이 노랗게 핀 언덕에 잠시 머물다

생명의 소중함이 경이롭다
꽃은 봐주는 사람 없어도 땅속을 뚫고 나온다
힘들다는 내색도 없이
본연의 사명을 다한 것이다

가만히 들여다 보니
참 가엽게도 예쁘다

이름 없이 시든 내 삶
내 깜냥엔 살아있음에 다한 것이지
기쁘다
내년에도 잘 자라 꽃을 피우련
기다리는 나를 위해

4부

매일이 좋은 날

꽃다발

아기 숨결 속에 붉은 튤립
숨은 듯 속삭이는 목소리로
떨리는 몸짓이 전부였다

희망으로 채색되어
정성 어린 손끝에 사랑을 담아
투명한 병 속에 담긴 자태는
하나 가득 행복 실은 아리따움이었다

살포시 꽃잎 벌리고
전해오는 향기는
안개같이 희미한 인생도장에서
희망을 안으로만 감고
미풍에도 흔들리는 연약함으로
손에 손을 잡는 마음이 전부였다

빛이 도는 꽃

흰빛 무더기 속에 다소곳한 모습
마음의 골짜기에 햇빛 닮은 미래의 의지로
꽃을 피움이여
정성이 머무름이여

장미 세 송이

빠알간 정열을 간직한 채 이슬 먹은 얼굴로
속살을 열어젖힌 장미 세 송이
선연한 모습으로 나에게 다가왔다

향기로 마음 문 열고
미소 가득한 정담을 담아 너의 마음 나의 마음
바램으로 해후했다

얽히고설킨 인정의 화원에
밝은 눈동자로 안겨준 세 송이
6월의 햇볕을 모아 꽃잎이 된 장미여

한 잎 또 한 잎 몸을 털며 혼을 보내온 자태가
가슴으로 안겨 오는 너의 내음

세월이 간다
세월이 머문다

삼 남매

나의 아이들 삼 남매
성공하여 이름을 날리지 못해도
출세하여 떵떵거리지 못해도
나의 삼남매로 살아줘서 고맙다

큰딸은 손녀까지 보고
늘 웃는 모습으로 사람을 응대하니 고맙고
둘째 아들은 혼자서 살아도
즐겁게 감사하며 살아주니 고맙고
막내딸은 해외동포가 되었어도
어미를 잊지 않고 전화하며 안부 물으니
고맙다

내가 사랑하는 삼 남매가 열심히 일하고
열심히 기도하며 살아줘서 고맙다
평범하게 소시민으로 살아줘서 고맙고
늘 서로 보듬고 서로 챙겨주니 고맙다

험한 세상 특별한 것 없어도 웃으며 행복해하니
고맙다

산다는 것은 햇살 같은 마음으로
살면 그것이 행복이지
나의 삼 남매 내가 살아온 인생의 복합체다
늘 서로 사랑하며 살기를 난 기도한다
이 세상에 너희가 있어 난 늘 행복했다
그리고 많이 사랑한다

매일이 좋은 날

햇볕 좋은 날은
기쁨 한 수푼

상심에 젖어 있을 땐
웃음 한 스푼

삶이 고단하여 힘들 땐
눈물 한 스푼

세월이 덧없이 흘러가
덩그러니 혼자 있을 땐
한숨 한 스푼

그래봤자 남는 건 빈자리
그럴 땐 사랑 한 스푼

짠내 나는 삶의 고단함에

지쳐 있을 땐
희망 한 스푼

세상살이

오늘도 영수증을 놓고
이리저리 맞추어 본다.
빠듯한 살림살이에 하루가 저문다.
언젠가 풀리겠지
숫자 위에 머문 마음은 또 씨름을 한다.

들리는 소리도 없는 밤
벽 속에 숨어 있던 바람소리만
내 숨소리에 섞여 나온다.

그렇게 보낸 세월 속에서
영수증보다 더 많은 삶의 의미가
웃음으로 세월을 이긴 투박함이
책상 위에 쌓인 내 청춘을 실어온 영수증에
눈을 모은다

그래도 오늘이 있어서
주름진 얼굴만큼 세월을 엮어본다

모두 다시 오는 내일을 위해

살아내기

성공이란 별거 아니지
이렇게 80이 훨씬 넘게 힘든 세상 살아낸 인내함이 성공이지
온갖 풍상 다 넘기고
이렇게 살아있음 성공이지

매일 같은 날이 아니다 매일 똑같은 아침이 아니다
손톱도 매일 자라고
머리칼도 매일 자란다.

그런데 내 맘은 안 자라고
매일 쪼그라드네

흐드러지게 피어있는 벚꽃 구경하는
사람들 발에 밟혀 쭈그려 외롭게 핀
꽃다지 냉이 꽃 같은 내 인생도
이렇게 하늘 보고 웃을 수 있음에
성공한 삶이지

한번밖에 없는 오늘
난 또 하루를 좀먹는다.
오늘은 그렇게 시작하고
오늘은 그렇게 가고
또 하루를 살아내면
성공인 거지

새날

응어리진 매듭이 가득한 마음을
아랑곳하지 않는 시선에
시간마다 실랑이 짓을 했다

펴볼 뜻도 없이
싸늘하게 식어만 가는 열기
이율배반으로 번지는 아픔이 있다
풀리지 않는 실 꾸러미의 가슴이 있다

투명하게 보이는 지난날의 자취가
또 한 번 도전할 기회를 잃고
서성이기만 하는

하늘가를 떠도는 한 조각 구름처럼
비 되어 온천지를 적셔줄

내일을 보네

새 빛을 보네
허공 구름 뒤 창공을 보네

모르는 것

오늘도 하루를 잘 보냈네
어디가 끝인 줄도 모르면서
오늘을 만났으니 그것도 기적이지

내 몸도 모르면서 어찌 마음을 알까요
세상 돌아가는 것도 몰라요
그래도 시간은 나를 내일로 데려가겠죠

사람 마음을 모르면서도 함께 웃을 수 있음에
하루하루 살아내면 내일로 가네요

오늘이 있어 좋았죠

가는 길을 몰라도
쉼 없이 걸어온 길
한발 한발
그렇게 모르면서 걸어왔네요

얻은 것

그리워지는 날이 있음에
그리워지는 때가 있음에
그리워지는 사람이 있음에
오늘도 살아있다는 거지

바람이 불어도 구름이 흘러가도
세상사 모두 그저 흘러가면 되지

인생이란 테두리 안에 모두 쌓여 있을 뿐

오늘도 궁금한 친구 있어
카톡 보내고 또 받으니
이것만 해도 이생에 얻는 것 많은 거지

하루하루 준비된 것이 없어도
이렇게 햇볕 좋은 날이 있음에
오늘도 행복하게 얻은 것이 있는 거지

나의 벗 신양미를 추모하며

삶의 의미마저도 싫어서 못한
연륜은 덧없이 부서지고

길목마다 누비던 어설픔도 메아리 없는 지금
버린 이도 버림받은 이도 모두 흘러가
크레용처럼 색색으로 번져오는 아픔

이젠 잔디 덮이고 흐느끼는 소리도 없어
그 많은 날의 연속을 누구를 부르며 있을지

무성했던 여름 투우사의 마지막처럼 황홀했던 가을
너를 찾는 마음이 부질없기만 해
무심히 두 눈을 어이 감았을까

옛날처럼 밝게만 웃을 수 있는 그리움으로
내 영원으로만 안겨와
무딘 붓끝의 오선지 위에

고운 나래 펴다오
버리고 간
승리의 안식으로
내 친구 양미야

친구

우린 젊은 날의 추억만으로 배불렀지
소중한 기억들
이젠 나만 남아
외로운 밤을 책갈피마다 감춰진 속삭임처럼
네 모습 네 숨결 상상한다

다시 올 수 없는 세월
그 시간 속에 새겨진 젊은 날의 모든 것을 혼자서
이렇게 음미하며 불꽃처럼 살다간 너를 그리워한다

친구라는 이름으로는 모자랄 너의 모습
나의 젊은 날의 우상이었던 너
나의 전설이요 나의 그리움

이젠 오랜 기다림과 그리움을 내 곁에 심어준
아픔과 사랑이였다

이생과 저승의 갈림이 오래되어
나를 잊었는가 친구여
꿈속에서라도 만나보자
회포라도 풀어보자
나의 친구여

자율학습 교실에서

사방은 적막한 밤인데
꺼질 수 없는 불 밝히고
밤과 낮을 가리지 않고
가슴과 눈망울은 별빛처럼 타오르는 곳

낮에 다 못한 문제를 희망이라는 말로 감싸고
어디쯤 인생의 봄이 오는가고
서로가 서로를 품으면 조금씩 피로는 풀리고

대화도 웃음도 미래를 품은 채
모두 열심히 시간을 채운다
자신의 꿈의 결실을 위해

무심히 펜을 잡은 손은 쉴 새 없이 움직인다
미래를 위해 소망을 위해

우리 모두 활화산처럼 타오르는

정열을 품은 가능성으로
보다 많은 사랑과 기쁨이 있는 삶과
끝이 없는 이상을 향해서
그리고 멋진 청년으로 비상하기 위해

나만 있는 게 아닌 모두를 품을 수 있는
더 큰 의미를 부여하고
창천에 높이 나는 독수리처럼
높이 또 높이 나르자

아침 보충

한 손에는 분필
또 한 손엔 문제집
하루 일과가 시작된다

꿈을 키우는 교실 안엔
뜨거운 호흡들
다가올 미래를 향한 발돋움

청춘이라 했다
젊음이라 했다
아침 햇볕처럼 찬란한 시간들이
여기에선 창틈으로만 보인다
무뎌진 얼굴엔 웃음끼도 있지만
안으로 멍든 채

입시로 입시로
대학으로 대학으로

꿈도 묻었다
사랑도 묻었다
내일로 모두 미룬
책과 자습서와 문제집만 있는
아침 보충 시간이다

세상의 빛이 되기 위해
모든 사람을 품을 수 있는 사람이 되길 염원하며
오늘도 기운차게 시작한다
새벽부터 보충 수업을

매미

성충이 되려면 몇 년을 기다려야 하는 매미가
여름이면 방충망에 소풍을 온다
울지도 않고 앉아서 무엇을 하는지는 난 모르겠다

툭 치면 날아가고 또 다른 매미가 오고
잊었나 울기를
아님 옛 생각 하나

오늘도 양쪽으로 앉아서 명상에 젖은 매미

나 또한 명상에 젖어 하늘을 본다
구름이 흘러가고 하늘은 파랗다
하늘의 자비가 온 누리에 비치기를 기도한다

오늘은 매미가 아침부터 앉아서 날아갈 생각을 안 한다
난 매미와 대화를 한다

힘든 세월 견디고 성충이 되어 하늘을 나는 기쁨이 있었냐고
매미는 말도 없이 꾸물거린다

매일을 기쁨으로 살다가
또다시 내년에는 다른 매미를 만나겠지
내 기쁨이 네게 전달되기를
내 감사가 네게 전달되기를
방충망에 앉아있는 매미를 보면서 오늘도 하루가 감사로
이어지네

열무 김치

언제부턴가 나도 노인 축에 끼었다
성당 자매님들이 열무김치를 담구어 노인들한테 돌렸는데
나에게도 왔다.
밥 비벼먹고
국수에 넣어 먹고 맛있게 먹다보니
어느새 통이 비워간다.
아까워 잠시 쳐다보다가
입맛 다시면서 만드느라고 수고한
자매님들 위해 기도하고

늙는다는 것이 슬픈 것도 아니고
어려운 일도 아니고
고임 받는 느낌으로
삶의 고난도 흘려보낸다.

지금은 외로울 새도 없다

누군가 그리워할 새도 없다.
누군가를 위해 기도하는 것이 일상이다 보니
날 위해 누군가는 기도하는 사람이 있을 것이기에
하여 기도를 멈출 수가 없다.

오늘도 감사하며 기도하며 하루가 저문다

회상

눈감으면 떠오르는 옛날로 돌아간다
뛰놀며 잠자리 잡던 풀숲
그땐 행복도 몰랐지 그냥 그렇게 지나는 줄만 알았지.

밭이랑마다 개구리 뛰고 내 머리는 땋아 잡아매고
벼 포기마다 뛰는 메뚜기 뛰면 내 머리도 뛰고

그리고
내 청춘이 월급에 매여 부지런 떨던 그때
난 미련 없이 돌아왔지

이젠 돌아봐도 아무도 없다
병고에 시달리는 친구들과 나
그래도 난 참 행복하게 지냈다.
기억에 남아 있는 일들이 나를 지탱해주니

컴퓨터

내가 바쁘면 내 곁에
내가 힘들어도 내 곁에
내가 심심하면 더욱 내 곁에
언제나 내 친구 되어 함께 해주는 너

외로움도 잊게 하고
세상 돌아가는 일도 알게 하고
지식도 쌓아주고
넓은 세상 다 보여주는 너

이렇게 고마운 네가 있어
다행이다

음악을 듣고 웃음도 주고 더 바랄 것이 없는 너
나에게 넌 친구요 스승이며 반려다
오늘도 키판 두들기며 하루를 보낸다

수영장의 하루

얼굴이 화사한 여인은 항상 웃음으로 사람을 대한다
안녕하시냐고
별일 없으셨느냐고

미소가 고운 그 여인은
마음도 햇살처럼 곱고
정겨웠다

언제나 사람은 웃고 살아야 복이 오고
언제나 사람은 행복하다고 믿어야 잘 사는 거다

빗살처럼 철렁이는 물결 곁에
손잡고 웃으면 하루가 가고
출렁출렁 춤추는 물보라 따라
하루가 온다

내일이 아름다운 날이 되길

내일이 즐거운 날이 되길 오늘도 웃으며
하루를 시작한다

이름도 성도 모르는 그 여인으로
또 하나 인연이 생기고
그녀의 앞길이 즐거운 일들만 가득하길 기도한다
오늘도 수영장에선 웃음꽃이 핀다

인생길에서

더도 말고 덜도 말고
지금처럼 살아야 해

서나서나 떠나는 친구들
다시 만날 수 없어도
내가 떠날 때
어느 길 위에서
나를 기다려 주면
반갑다고 손잡아 주겠지

마음 비우고 욕심 버리고
지금처럼 살아야 해

따듯한 햇볕만으로도 행복했던 시간들
하루가 가면 또 하루가 오고

더도 말고 덜도 말고

지금처럼 걷고 남아 있는 친구들을
만날 수 있음 돼

《사랑이고 싶어》는 살아오면서 삶으로 부딪혀 온 '현실적인 실체들'을 뛰어난 시적 형상화와 색다른 비유적 표현으로 깊은 감동을 주는 작품들이 많다. 이렇듯 시인의 면면을 읽을 수 있는 주제의 다양성은 주제에 따른 시적 형식과 걸출한 형상화로 인해 독특한 정서와 향취를 느끼게 한다. 긴 세월을 두고 한 편 한 편이 영감으로 쓰인 시인의 궤적이 아닌가 생각된다. 그런 의미에서 조삼례 님의 《사랑이고 싶어》는 가볍게 읽힐 수 있는 작품은 아니다.

■ 서평

이철호 (문학평론가, 소설가)

순수의 열정이 만들어낸 시인의 궤적
- 생의 精髓, 시가 되다

순수의 열정이 만들어낸 시인의 궤적
-생의 精髓, 시가 되다

이철호(문학평론가, 소설가)

생명의 환희, 숨이 멎을 만큼의 경이로움, 때로 느닷없는 슬픔, 미칠듯한 그리움 등 문득 떠오르는 느낌과 영감들을 붙잡아 시적 형상화를 이루는 일은 얼마나 멋진가. 그것이 몇 번의 시도가 아니라 꾸준하게 이루어지는 작업이라면 인생의 기념비적인 순간들이 화려하게 때로는 수수하게 때로는 정갈한 옷을 입고 거리에 나서지 않을까.

특별히 일생을 두고 시작詩作이 이루어져 한 권의 시집으로 엮어졌다면 이건 예삿일이 아니다. 정말이지 멋진 일이 아닐 수 없다. 누군가에게 보이기 위해 억지로 꾸밀 필요도 없다. 과장된 표현으로 스스로 마음을 속일 필요도 없다. 어쩌면 이렇게 쓰인 한 권의 시집은 가장 진실한 역사, 한 사람의 일생이란 꽃밭에 피어난 생의 精髓가 될 것이다.

조삼례 님의 시집 ≪사랑이고 싶어≫는 깊고 깊은 마음 속

상념과 느낌 생각들을 시적 형상화란 작업을 통하여 이루어 낸 주옥같은 작품들이다. 어쩌면 이는 시화되어 살아 숨쉬는 조삼례 시인의 자서전으로 보아도 무방할 것이다. 그런 의미에서 '한 사람'의 '한 생'이란 얼마나 廣大無邊한 것인가.

그만큼 그의 시는 다양한 주제와 맞닿아 있다. 〈세상살이〉 〈살아내기〉 〈열무김치〉 등 실제적인 삶에서 얻어진 영감으로 시를 썼는가 하면 〈사랑〉 〈어머니 앞에〉 〈당신은〉 〈이제야 알겠네요〉 등은 어머니를 그리워하며 어머니의 사랑을 노래한 思母曲이다.

한편 〈짝사랑〉 〈기도1〉 〈기도2〉 〈기도하자〉 신앙에 근거하여, 〈봄의 노래〉 〈유채꽃〉 〈코스모스〉 〈꽃이 핀다〉 등은 자연을 노래하고 있다. 그러면서도 오랫동안 가슴앓이하였던 사랑을 노래한 것으로 보이는 시 〈그리움〉 〈차 한 잔〉 〈너는〉가 있는가 하면 삶의 통찰이 드러나는 시 〈나의 길〉 〈시간 안의 여자〉 〈매일이 좋은 날〉 〈모르는 것〉 등이 있다. 어쩌면 평생을 살아왔던 삶의 궤적으로서의 시이니 주제를 세분하여 보는 것이 무의할 것이다.

먼저 눈에 띄는 시는 어머니를 향한 그리움 짙은 사모곡들이다. 그중에 〈사랑〉은 어머니와 아가의 교감으로 피어나는 보편적인 '사랑'을 그리고 있다. 〈사랑〉에서는 아가를 향한 어머니의 일방적인 사랑이 아니라 어머니와 아가의 교감에 의한 순환적인, 생성의 의미로서 사랑이다.

...
화안하게 아가 웃음 피어오르고

꽃 웃음은 피어올라 아지랑이 되고
엄마 가슴속 따스함은 피어올라 별이 되고
날마다 훈훈한 입김으로 되살아
사랑이 되네
사랑이 되네
- 〈사랑〉

'마음 가득 그리움과 사랑이/ 이제야 피어날 줄도 몰랐었다'고 하는 〈어머니 앞엔〉는 어머니 떠나시고 난 후에야 시인에게 어머니가 어떤 분이셨는가 새롭게 발견하는 시이다. 어머니 앞에서는 늘 당신의 사랑하는 딸이 잘난 사람인 척 아름다운 체, 부한 체 하였지만 어머니가 돌아가신 후 사랑스러운 눈으로 딸을 가만히 보아줄 사람이 없다. 물론 예쁘다 할 사람은 더욱 없다. 어머니를 향한 그리움과 사랑이 이토록 새삼스럽게 피어나는 것은 어쩌면 시인 자신조차 예상치 못한 일일 것이다. 그만큼 딸을 향한 사랑은 공기처럼 자연스러운 것이었지만 또한 생존에 필

수 불가결한 것이었는지도 모른다.

…
마음 가득 그리움과 사랑이
이제야 피어날 줄도 몰랐었다

어머니의 가슴이
나의 삶의 원천 내 우주인 줄도 몰랐었다

어머니를 그리워하면 할수록
더 그리워질 줄도 몰랐었다.
…
-〈어머니 앞엔〉

비록 '어머니'라는 직접적인 단어는 보이지 않지만 시인에게 어머니는 어떤 존재인가를 총화적인 개념으로 묘사한 시가 〈당신은〉이 아닌가 한다. 시인의 신앙과 관련하여 '당신은'을 하나님으로 생각할 수도 있지만 1연의 '푸른 나무' 2연의 '강물'과 '몇 백 년이 지나도'에서 무한성이 신의 속성이라고 이해할 때 이는 어머니의 사랑의 무한성을 대변하는 매개체로 이해할 수 있다. 어머니의 사랑이 구체적 사물화로 잘 형상화된 탁월한 시가 아닐까 한다.
　어머니는 푸른 나무이고 강물이다. 그 푸른 나무의 그늘은 시인의 가슴에 오래 간직되어 삶을 움트게 하여 미풍과 새들에게조차 생명의 숨으로 흘러가게 한다. 강물에서는 현재를 긍정하게 하는 삶의 토대로서 일상에 공급되는 충만함을 의미한다. 그러므로 어머니는 나를 존재하게 하고 삶을 살아가게 하는 생명의 근원성에 닿아 있다. 그러한 생명의 근원성은 바로 사랑이라고 시인은 말한다.

당신은
푸른 나무입니다
깊은 잠속을 사랑으로 일깨우고
오래 간직하게 해주는 그늘이

몇 백 년이 지나도
말없이 가지에 푸르게 잎 피우며
미풍과 새들과 사랑을 숨 쉬게 하는

당신은 강물입니다
출렁이는 물결소리
철석이며 반짝이는 수면
평화를 알게 하는 노래를 배우고 삶의 일상을 배우는
생명의 소리

당신은 나의 강물입니다
　　-〈당신은〉

푸른 나무와 강물에 비유되는 어머니가 마지막 숨을 쉬고 있다면 어떨까. 〈임종〉은 삶과 죽음이 사선(斜線)으로 비켜가고 있는 안타깝고 애절한 순간을 생생하게 묘사하고 있다.

…
지금의 기다림은
멀리 떠나보내는 어머니의 숨소리를 지켜볼 뿐
80평생 담아온 사랑
80평생을 보람으로 알았던 딸들의 얼굴
모두 뒤로하고 어머니는 숨이 잦아들고 있었다.

마지막 눈빛도 없이 마지막 손놀림도 없이
당신의 온갖 소망이셨던 딸 삼형제를 본체도 없이
차마 감을 수 없는 한만 남긴 채 버티는 생명
…
  -〈임종〉

목놓아 울지도 못할 만큼 어머니를 잃는다는 슬픔은 큰 것이었다. 세상에서 가장 나를 사랑하는 사람을 잃는다는 것을 세상을 잃는다는 것과 다름없을 터이다. 그런 시인이 자신이 맞게 될 죽음에 대한 생각은 어떨까. 〈수의〉와

〈유서〉에서 시인의 죽음에 대한 의식을 엿볼 수 있다.

먼저 〈수의〉에서 시인은 진지하게 다음 세상을 준비한다. 먼저 간 이들을 만날 채비를 하며 여전히 예쁘게 보이고 싶다고, 잘 살다 왔노라 인사하고 싶어한다. 이런 죽음에 대한 시인의 생각은 경직되지 않고 다소 느슨해 보인다. 이웃 동네로 마실가는 모양새라고 한다면 지나친 비약일까?

...
가끔 꺼내서 보면 너무 예쁘다
가지가지 모양이 앙징스럽고
...
먼저 떠난 사람들 만나면 곱게 보이고 싶고
잘 살다 왔다고 이야기 할꺼다

고운 분홍 옷 입고 온 아를 뭐라 할까
그래도 좋다 마지막 인사를 할 때
웃으며 갈거다
　　-〈수의〉

경직되지 않는 죽음에 대한 인식이 작품 〈유서〉가 가능하도록 하였을 것이다. 이렇게 해학적인 '유서'는 찾기 어려울 것 같다. '살고 싶다'는 단순하고 정직한 욕망의 표현과 '눈 감으오'라는 구절이 만들어내는 묘한 상승작용이 자조적인 웃음을 짜아내는 것이다. 어쩔 수 없는 운명을 마주하고서도 끝내 뒤돌아볼 수밖에 없는 인간의 숙명은 '신기루처럼 잡혀지지 않는 그림자만 뒤쫓는, 밀물같이 몰려오는 절망에 맞서야' 하는 것이 아닌가. 시인은 죽음이 '안식'이라 하면서도 "내 삶이 여기서 끝맺음하는 것은/ 잘못이 아니죠"라고 한다. 이는 선언일까? 반문일까? 선언과 반문의 중의적 의미로 해석될 수 있는 대목이다. 자연의 이법을 거스리지 않는 순응에 대한 변명으로, 다른 한편 삶에 대한 깊은 애착과 아쉬움을 드러내고 있다고 할 수 있다.

〈유서〉는 삶과 죽음의 경계에서 어떤 삶을 살 것인지 어떻게 죽음을 맞을 것인지 독자에게 스스름 없이 묻게 한다. 종횡무진의 시선들이 난만하게 느껴지지 않는 이유는 무엇일까.

…
신기루처럼 잡혀지지 않는
그림자만 뒤쫓다
눈 감으오

맹목으로는 못내 서러운 목숨이라
정처 없이 떠나오

밀물같이 몰려오는 절망 속에서
안식을 찾으러 눈 감으오

앞서가는 사람 뒤에 오는 사람 모두
길동무 되어드리죠

내 삶이 여기서 끝맺음하는 것은
잘못이 아니죠

정말은 살고 싶었다오

하나하나 명멸해 가는 순간순간을
끝까지 지켜보며
눈 감으오
- 〈유서〉

한편 신의 인간에 대한 특별한 사랑을 표현하고 있는 시가 〈짝사랑〉이다. 인간의 자기중심성이 '죄'라고 한다면 인간은 어떻게 신을 사랑할 수 있을까. 그러니 결국 신의 사랑은 영원한 '짝사랑'이 아닐까. 하지만 시 〈짝사랑〉에서는 그렇지 않다고 한다. '깨달음'이라는 창을 통해 보이지 않는 것을 사랑할 줄 알게 하신 분이 있음을, 늘 함께하면서 나를 돌보았던 분이 있음을 알게 된다. 받은 깊은 사랑에서 사랑을 고백하게 되고 온전히 신을 향한 삶이길 소망하게 된다. 〈기도1〉 〈기도2〉는 그러한 염원이 시로 흘러나왔다. 특별히 〈기도1〉은 무엇인가 경외감이 일게 하는 웅장하면서도 그윽한 느낌의 시이다. 시인의 광대한 시선이 영혼의 깊은 곳까지 진군해 오고 있다.

  …
  어디를 가도 당신께서 함께 하신 줄
  모르며 살다가도
  불현듯 생각하니 나 혼자가 아니라는 것

  당신은 나를 사랑하시는데
  난
  세상만 사랑하고 있었음을
  언제나 짝사랑만 하고 있었음을

  오늘 당신 앞에 고백합니다
  사랑합니다
  …
   - 〈짝사랑〉-

  주님
  봄빛에 싹트는 잎처럼 믿음 트게 하시옵고
  무성하게 숲을 덮는 그늘로 키워 주소서

검은 구름 밑으로 회오리 치는 바람소리와
인간의 내면 깊숙이 스민 죄의 참회소리와
주를 믿고 의지하는 기도 소리와
모든 것을 사랑하시는 분
...
– 〈기도〉

언제부터 시인의 가슴에 그리움이 자리했을까. 어쩌면 반세기 전 시인의 가슴에 앉았던 그리움이 하 많은 세월에도 희미해지지 않고 상흔처럼 되살아나 가슴을 시리게 하는 이유는 무엇일까. 감각적으로 이 시대를 살아가는 사람들에게 '순수' '한결같음' 따위는 고루하고 어리석은 일인지도 모른다. 이 시대에 '순정'이란 그 이름조차 꺼내기 민망한 일이 되었다. '순정' '짝사랑' 이런 낱말들이 반세기 뒤에도 여전히 존재할지 의문스러운 가운데 시 〈그리움1〉 〈그리움2〉은 마치 헤어진, 사랑하는 연인을 만나는 것처럼 반갑다. 마치 오래전 잃어버린 감각들을 다시 찾는 듯도 하다. 마비된 마음 안으로 잦아들어 마음을 녹이는 진정 그립던 시다.

가을엔 왠지 누군가 만날 것 같다
두리번거리며 골목을 또 샛길을 거닌다

…
나뭇잎이 물들면 나도 덩달아 물들고
나뭇잎이 떨어지면 내 마음도 쿵 떨어진다
…
그리움으로 물든 날
흔들어 본다
웃어 본다
…
– 〈그리움〉

〈그리움1〉은 연인을 찾아 헤매는 성경의 '애가'를 생각나게 하는 시다. 시인은 혹이나 '누군가'를 만날 것 같은 예감에 골목을 헤맨다. 빨갛게 노랗게 물든 나뭇잎에 시인의 마음도 노오란 물이 들어 똑똑 떨어져 흩날린다. 반면 〈그리움2〉는 연인과 같은 '누군가'가 아니라 홍역처럼 격정에 휩싸이게 했던 '젊은 날'에 대한 그리움으로 이해되는 시이다. 절제된 구조에 밀도감 있게 지난 시간을 추억하고 있다. 이는 젊은 날의 격정이 전해올 만큼 긴장감이 있다.

이렇게 비가 억수로 오는 날이면
젊은 날 격정에 휘둘려
힘들었던
날들을 추억하지

이젠 아름다운 기억으로
남았지만

젊음이 나를
홍역처럼 힘들게 할 때도 있었지만

그때도 가고
젊음도 가고
그리움도 묻히고
...
-〈그리움2〉-

하지만 〈너와 나의 거리〉는 〈그리움1〉 〈그리움2〉의 작품이 가져오는 아늑한 포근함과 청순함과는 사뭇 정취가 다르다. 눈을 마주하고 웃고 싶은데 손을 맞잡고 긴 대화를 나누며 '너와 나'로 아름답고 싶은데 너는 저만치에서 꿈쩍 않는다. '다가가지도 못하고 멀어지지도 못하는' 그래서 더 외롭고 더 아프다. 독자로서는 어떻게 시작된 사랑인지 누구를 향한 사랑인지 알 수 없지만, 시에서는 가까워지지도 버리지도 못하는 사랑 때문에 당하는 박제의 고통이 잘 드러나고 있다. 한때 다정했던 눈빛이 없었더라면 마음을 설레게 했던 말이 없었더라면 너를 바라볼 시선도 없었을 것을. 시적 화자의 외마디가 처절하다.

온 몸을 적시는 외로움으로
너를 보았다

온밤을 지새우는 아픔으로
너를 그렸다

다가가지도 멀어지지도 못하고
다시 너를 보면
넌
빈 공간에 한숨만 남길 뿐

아무것도 없었다 거기엔
벽속에 갇힌 나와
기약 못할 언어들 속에
버려진 사연들
…
-〈너와 나의 거리〉

한편 〈모르는 것〉에서는 삶의 신비를 노래한다. 사실 우리의 호흡이 어디서부터 비롯되는지, 우리의 힘이 어디서 나오는지, 어떻게 만남과 헤어짐이 이루어지는지 알지 못한다. 하지만 그 알지 못하는 것을 우리는 '순리'라고 말한다. 그런 의미에서 시 〈모르는 것〉은 우리의 통제 범위 밖에 질서를 부여하는, 온 우주뿐 아니라 한 사람 한 사람의 삶을 인도하는 손길에 대한 경외의 한 표현으로서 읽히는 작품이다. 흔히들 말하는 것처럼 '오늘이 선물'임을 자각하고 살아간다는 것은 우리 자신이 어떠한 존재인지를 아는 '겸손'함에서 비롯된다.

> 오늘도 하루를 잘 보냈네
> 어디가 끝인 줄도 모르면서
> 오늘을 만났으니 그것도 기적이지
> …
> 오늘이 있어 좋았죠
> …
> 가는 길 몰라도
> 쉼 없이 걸어온 길
> 한발 한발
> 그렇게 모르면서 걸어왔네요
> -〈모르는 것〉-

다르게 말한다면, 오늘이 선물임을 자각하고 살아가는 사람들은 '겸손'할 수밖에 없으며 오늘이라는 시간을 내가 결코 만들어 낼 수 없는 것이라면 나에게 주어진 모든 것이 경이로울 수밖에 없다. 내 주위의 것들이 존재하기 위한 나의 기여도는 얼마일까. 내가 씨를 뿌려 가꾸는 화초조차 내 힘으로 움을 돋게 하지는 못한다.

〈봄의 노래〉는 생명의 환희로 가득하다. 마치 너무도 경이로운 이 자연의 아름다움을 두고 꿈꾸는 것만 같다. 〈봄의 노래〉에는 아름다운 사랑의 밀어가 '가지가지 피어나'고 있다.

새 생명의 환희
뾰족뾰족 내미는 싹들
그윽한 노래를 부르게 합니다

짙어가는 마음의 정이 가슴 그득히 고이면
바람도 파도쳐오다 여린 꽃잎에 잠들고
순하디 순한 화음으로 비도 뿌립니다

내 마음 당신을 향한 정담이
가지가지 피어나면
…
봄은 아름다운 환상
봄은 생명의 시작
내 마음 나래달고
창공 높이 종달새 되어 떠오릅니다
-〈봄의 노래〉-

비바람 치는 날도 태풍이 부는 날도 있었다. 하얗게 내리는 눈을 고스란히 맞는 날도 있었다. 가지가지마다 피어난 꽃들로 가슴 벅찬 날들도 있었다. 하지만 지금 생기를 불어내어 꽃을 피울 수 없다. 옛날의 영광만이 텅 비어가는 가슴 채우고 있다. '잎새 하나 없이' '빈 가지 바람도 없이' 서 있는 고목, 그럼에도 왜 〈고목〉의 느낌은 위풍당당한 위엄을 품어내는 듯할까. 쓸쓸함, 외로움, 고독, 쇠잔함이 〈고목〉의 언어가 아닌가. 하지만 '노병'은 온 힘을 다하여 싸웠던 기억만으로 찬란한 법이다. 지금은 노을을 바라보며 당당히 서 있다는 사실만으로도 충분히 영광스럽다.

〈고목〉과 비견될 수 있는 작품이 〈시간 안의 여자〉이다.

〈시간 안의 여자〉는 '성긴 주름 사이로 세월을 감추고'라는 구절 등으로 미루어 황혼기에 들어선 여인임을 알 수 있다. 추억조차 희미해져 가는 시간 안에 서 있지만 그 시간은 '살아있는 호흡들이 고인/ 신록의 들을 바라보는' 영원으로 이어지는 시간이다. 그러므로 모든 삶의 순간들은 영원과 맞닿아 있는 시간으로 어느 순간도 의미 없는, 버려지거나 낭비되는 시간은 없다. 순리에 따라 걸어가는 시간 모두 귀한 여정이다.

서늘하게 바람이 불다가 가고
발자국 소리도 없이 다가오는 봄이
그림자만 스친다

샛바람 하늬바람 모두 서성이다 가고
잎새 하나 없이 서 있는 너

다할 수 없는 시간 속에 여운을 남긴 채
선연히 남은 옛날의 기억을 너는 아는지
멧새들이 몇 마리 앉았다 떠난 뒤
서글픈 흰빛 되어 서 있구나

몸부림치며 살던 지난날
어루만지는 님의 손길도 있었으련만
오늘도 노을을 보며
조각되어 떠오르는 지난날의 영광을 안고
홀로 서 있구나
빈 가지 바람도 없이
 -〈고목〉_

...
하나하나 사라지는 추억을 반추하며
멀어지는 사연을
마음 끝에도 두지 못하는 모습으로
하늘처럼 바다처럼

일렁이는 삶의 무게만 담긴
바람과 맞서고 있습니다

살아있는 호흡들이 고인
신록의 들을 바라보는
그리움 담은 모습입니다

날마다 가까워지려고
날마다 멀어지려고
뒤돌아보지 못하면서 영원으로만 이어지는

시간 안의 여자입니다
-〈시간 안의 여자〉-

높은 하늘 위에서 내려다본 세상은 참 잘 보인다. 동네 안에 있으면 동네의 모양이 어떤지 모른다. 하지만 높은 산에 올라 바라다보면 그 생김이 훤히 눈에 들어온다. 우리 인생도 마찬가지다. 그 순간들에는 이 길이 어디로 나 있는지 어디로 가고 있는지 분간하지 못한다. 오랜 세월이 지난 후 그 길이 어디로 향해 있었는지 훤히 드러나게 된다. 사람도 마찬가지다. 그가 어떤 사람인지 나에게 어떤 의미인지 당시로서는 알 수 없다. 그러나 시간은 가장 중요하고 의미있는 일만을 남긴 채 다른 것들은 희미하게 지워버리는 습성이 있다. 가장 깊게 각인된 어떤 것만 기억하게 한다. 그때는 별 의미 없었던 것이 시간이 지남에 따라 더 짙은 색으로 마음을 물들이기도 하는 것이다. 어쩌면 그것은 시간의 마법이기도 하리라.

〈봄의 여운〉은 긴 시간 안에서 마주했던 이에 대한 이야기를 함축하여 형상화하고 있다. 찻잔을 매개로 수십 년의 시간이 흐르며 마치 한판승을 보는 듯한 카타르시스를 준다. '창문 밖 깜깜한 밤처럼/ 너의 봄이 지고 있음을/ 그러나/ 내 가슴엔 빛나는 봄의 여운이 계속되리라는 것을'-옛날의 영화(榮華)는 진실한 것이었을까. 오랜 시간이 지난 후에야 '보이는' 실체 속에서 새삼스럽게 자신이 허망하지 않음을 깨닫게 되었을 시적 화자의 마음에 서서히 차올랐던 건 찬연한 봄의 기운이었다. 과거와 현재의 교차, 서로 보지 못했던 시간의 형상화 그리고 너와 나의 상반된 모습 등 절묘한 시점의 변화와 함께 함축미가 뛰어난 수작이 아닐까 한다.

...
그때
나는 눈을 들어 네 눈을 보았지
화안히 빛나는 너의 미래
너의 봄을 보았지

그리고 다시 세월

풀씨처럼 떠돌던 너와 나의 세월

찻잔을 마주하고 있었지
지난 어느 시절의 침묵은
너의 열변으로 도금된 채이었고
나는 보았지
창문 밖 깜깜한 밤처럼
너의 봄이 지고 있음을
그러나
내 가슴엔 빛나는 봄의 여운이 계속되리라는 것을
…
-〈봄의 여운〉

  한 평생의 삶에 바람 부는 날은 없었을까. 거센 폭풍 가운데 휘어지는 나뭇가지를 붙들고 안간힘을 썼던 날은 또 없었을까. 지우려 해도 지워지지 않은 채 불사조처럼 살아나는 당신을 향한 그리움으로 아팠던 날은 또 얼마일까. 하지만 가슴 벅찬 환희의 날들은 또한 얼마나 많았던가. 삶의 틈바구니마다 소망이 차올라 새싹을 틔워 올렸던 삶의 걸음걸음은 탐스런 열매들로 영글어 얼마나 생을 아름답게 빛나게 하였던가.
  조삼례 님의 ≪사랑이고 싶어≫는 살아오면서 삶으로 부딪혀 온 '현실적인 실체들'을 뛰어난 시적 형상화와 색다른 비유적 표현으로 깊은 감동을 주는 작품들이 많다. 이렇듯 시인의 면면을 읽을 수 있는 주제의 다양성은 주제에 따른 시적 형식과 걸출한 형상화로 인해 색다른 정서와 향취를 느끼게 한다. 긴 세월을 두고 한 편 한 편이 영감으로 쓰인 시인의 궤적이 아닌가 생각된다. 그런 의미에서 조삼례 님의 ≪사랑이고 싶어≫는 가볍게 읽힐 수 있는 작품은 아니다.

삶의 깊은 통찰력으로 자라난 한 나무 한 나무의 아름다움이 그윽한 숲을 이루고 마음의 계절들을 따라 꽃이 피고 열매를 맺고 있다. 붉게 단풍든 숲의 온갖 새들의 속삭임이 갈피갈피 들려오리라.